BEI GRIN MACHT SICH IH
WISSEN BEZAHLT

- Wir veröffentlichen Ihre Hausarbeit,
  Bachelor- und Masterarbeit

- Ihr eigenes eBook und Buch -
  weltweit in allen wichtigen Shops

- Verdienen Sie an jedem Verkauf

Jetzt bei www.GRIN.com hochladen
und kostenlos publizieren

Mariya Beleva

Simulation mit Taylor Enterprise Dynamics - Einführung an einem Beispiel [Studienarbeit plus Präsentation]

GRIN Verlag

Bibliografische Information der Deutschen Nationalbibliothek:

Die Deutsche Bibliothek verzeichnet diese Publikation in der Deutschen National-
bibliografie; detaillierte bibliografische Daten sind im Internet über http://dnb.d-
nb.de/ abrufbar.

Impressum:

Copyright © 2002 GRIN Verlag GmbH
Druck und Bindung: Books on Demand GmbH, Norderstedt Germany
ISBN: 978-3-638-80611-4

Dieses Buch bei GRIN:

http://www.grin.com/de/e-book/13640/simulation-mit-taylor-enterprise-dynamics-
einfuehrung-an-einem-beispiel

GRIN - Your knowledge has value

Der GRIN Verlag publiziert seit 1998 wissenschaftliche Arbeiten von Studenten, Hochschullehrern und anderen Akademikern als eBook und gedrucktes Buch. Die Verlagswebsite www.grin.com ist die ideale Plattform zur Veröffentlichung von Hausarbeiten, Abschlussarbeiten, wissenschaftlichen Aufsätzen, Dissertationen und Fachbüchern.

Besuchen Sie uns im Internet:

http://www.grin.com/

http://www.facebook.com/grincom

http://www.twitter.com/grin_com

Inhaltsverzeichnis

I. Einführung 3

II. Die Hintergründe von Enterprise Dynamics (ED) 4

   1.   Enterprise Dynamics Software 4

   2.   Charakteristiken 4

III. Modellgenerierung 7

   1.   Grundlagen der Modellgenerierung 7

   2.   Modellgenerierung anhand eines Beispiels 8

   3.   Vorgehensweise bei der Modellgenerierung 9

   3.1. Atome in das Modell ziehen und Einstellungen anpassen 9

   3.2. Simulation durchführen 12

IV. Methoden zur Messung der Ergebnisse 13

   1.   Informationen, die auf dem Atom dargestellt sind 13

   2.   Monitor 13

   3.   Reports und Grafiken 14

   3.1. Reports 14

   3.2. Grafiken 15

   4.   Experiment 16

   4.1. Das Experiment Atom 16

   4.2. Das PFM Atom 16

V. Strategien 17

   1.   Input Strategy 17

   2.   Queue Discipline 17

   3.   Send to Statements 18

VI. Fazit 18

Abbildungsverzeichnis

Abbildung 1: Aufbau Anfangsfenster Enterprise Dynamics.................... 7

Abbildung 2: Model Layout 10

Abbildung 3: Darstellung Atome mit verbundenen Kanälen...................... 12

Abbildung 4: Darstellung Run Control Fenster... 12

Abbildung 5: Darstellung des Monitors 13

Abbildung 6: Darstellung Summary Report.. 14

Abbildung 7: Darstellung Queue Graph von Queue 2............................... 15

Abbildung 8: Zuverlässigkeitsintervall in tabellarischer und grafischer Form 16

I.   Einführung

Der Simulator spielt heutzutage in vielen Bereichen eine sehr wichtige Rolle: So trainieren Piloten und Sportler, Fabrikplaner konzipieren ihre Produktionslinien, Ingenieure testen Verhalten von Bauteilen, Chemiker entwickeln neue Moleküle...

Die folgende Definition gibt eine genaue Erklärung des Begriffes der **Simulation**:

„**Simulation** *(lat. Erheuchelung, Vorspiegelung)* ist die Nachbildung eines Systems mit seinen dynamischen Prozessen in einem Modell, um zu Erkenntnissen zu gelangen, die auf die Wirklichkeit übertragbar sind"[1]. Im weiteren Sinne wird unter Simulation das Vorbereiten, Durchführen und Auswerten gezielter Experimente mit einem Simulationsmodell verstanden.

An und für sich ist der Bau von Simulationsmodellen eine uralte menschliche Vision. Das Schachspiel, etwa 800 v. Chr. entstanden, ist bereits das klassische Beispiel einer höchst kunstvollen Simulation, genannt Kriegsspiel. Gänzlich neu war, dass aus einer Verbindung von Operations Research, Betriebswirtschaft und den unbegrenzten Möglichkeiten der Informationsverarbeitung durch den Computer nunmehr „offene", durch Entscheidungen „befragbare" und beliebig komplexe Modelle konstruiert werden konnten, an und mit denen das Verhalten der in den Modellen wiedergegebenen Wirklichkeit jeder Art von Systemen simulierbar wurde.

Mit Hilfe der Simulation können prinzipiell zwei unterschiedliche Zielsetzungen verfolgt werden:

> ➤ Ermittlung eines Optimums (z. B. optimaler Bestellmengen)

> ➤ Studium des Verhaltens von Systemen (z. B. der Auswirkung einer Senkung von Sicherheitsbeständen in einem Lager auf die Lieferbereitschaft)

Innerhalb der Simulationen zum Studium des Verhaltens von Systemen kann man wiederum in solche differenzieren, bei denen man das Verhalten von Teilsystemen in der Wirklichkeit kennt, jedoch das Zusammenspiel der Teilsysteme untersuchen will **(synthetische Modelle)** und solche, bei denen man das Verhalten des Gesamtsystems in der Wirklichkeit kennt, jedoch analysieren will, wie sich Teilsysteme verhalten **(analytische Modelle)**.

Eine andere Einteilung nach Zielsetzungen ist die in „**What-if**" und „**How-to-achieve**" – Simulationen. Mit der ersten soll geprüft werden, welche Konsequenzen eine Maßnahme hat, mit der letzten – welche Maßnahmen zu einem gestrebten Ziel führen.

Wenn die Unsicherheiten in den Daten eines Simulationsmodells durch Verarbeitung von Wahrscheinlichkeitsangaben berücksichtigt werden sollen, konstruiert man ein **stochastisches Simulationsmodell**, sonst ein **deterministisches**.

Soweit man das Verhalten eines Systems im Zeitablauf studieren will, spricht man von **dynamischer Simulation** (Beispiel: Simulation des Unternehmenswachstums). Fehlt die zeitliche Komponente, so hat man es mit einer **statischen Simulation** zu tun (Beispiel: Analyse unterschiedlicher Personal-Aufgaben-Zuordnungen).[2]

---

[1] Vgl. VDI 3633

[2] Vgl. Mertens, Peter „Simulation" (Stuttgart 1982), S. 4

II. Die Hintergründe von Enterprise Dynamics (ED)

1. Enterprise Dynamics Software

Enterprise Dynamics ist eine objektorientierte Modellierungssoftware, die zur Simulation, Visualisierung und Steuerung von Prozessen eingesetzt wird. Es spielt keine Rolle, ob der Prozess in der Produktion, Logistik oder Verwaltung stattfindet. Enterprise Dynamics kann diese Prozesse abbilden, da die Objekte individuell angepasst werden können. Enterprise Dynamics ist ein offenes und flexibles System, wodurch spezielle Applikationen für jede Art von Aufgabenstellung und Industriezweig erstellt werden können.

2. Charakteristiken

> Modellierung

ED basiert auf der Vorstellung von „Atomen" als Bausteine jedes Modells. Ein Atom ist ein Modellobjekt mit 4 Dimensionen: x, y, z und Zeit. Jedes Atom kann eine Position (x, y, z), eine Geschwindigkeit (dx, dy, dz), eine Rotation und ein dynamisches Verhalten (Zeit) haben. Atome können erschaffen, zerstört und ineinander bewegt werden. Sie können ihr eigenes Verhalten besitzen oder ihr Verhalten von anderen Atomen erben (Vererbungsprinzip). Letztendlich ist alles in ED ein Atom und alle Atome werden in derselben Art und Weise definiert. Diese Atomcharakteristiken sorgen für eine schnelle, einfache und effektive Modellierung.

Ein Atom kann eine Maschine, einen Schalter oder ein Produkt darstellen, aber auch einen nicht-physischen Charakter tragen, wie zum Beispiel eine Grafik. Es wird unterschieden zwischen *Basisatomen* (fünf häufig genutzte Atome: Product, Source, Sink, Server und Queue), *Transportatomen* (transportbezogen), *Experimentatomen* usw.

> Allgemeingültigkeit

Alles in Enterprise Dynamics ist ein Atom, egal ob es eine Ressource, ein Produkt, eine Person, ein Modell, eine Tabelle, eine Verbindung zu einer anderen Software oder die Applikation selbst ist. Die Geometrie-, Geschwindigkeits- und Verhaltensparameter erlauben es, jedes physikalische Objekt, das es in der Realität gibt, abzubilden: Maschinen, Werker, Förderer, Förderfahrzeuge, Aufzüge, Züge, Krane, Gabelstapler, Autos, Kreuzungen, Verkehrslichter, Produkte, Paletten, Behälter, Container, Lager, Tanks, Hochregallager und so weiter.

Aber auch Informationen können natürlich durch Attribute, Tabellen oder Datenbank - Verbindungen, die jedes Atom beinhalten kann, abgebildet werden, beispielsweise ein Brief, eine Anfrage, ein Bestellformular oder ein Auftrag.

Das dynamische Verhalten bietet alle Möglichkeiten zur Verwendung dieser Informationen, wie Verarbeitung, Ausdruck, Anstoß von neuen Ereignissen oder Beendigung aktueller Ereignisse. Diese Informationen und physikalische Objekte können auf diese Weise in beliebige Modelle integriert werden.

Die Software wird mit einer erweiterbaren Bibliothek von fertigen Atomen geliefert, mit denen verschiedenste Produktions-, Logistik- und Dienstleistungssysteme modelliert werden können. Neue Atome können zur bestehenden Bibliothek hinzugefügt werden. Es ist auch möglich, komplett neue Bibliotheken mit ausschließlich eigenen Atomen zu erstellen.

➢ Hierarchie

Aus dem Grund, dass Atome in andere Atome bewegt werden können, bzw. Atome aus anderen Atomen bestehen können, erlaubt ED die Erstellung von hierarchischen Modellen.

Die Hierarchisierung ist ein mächtiges Werkzeug, um Modelle zu strukturieren und die Übersicht zu behalten, wenn diese größer und komplexer werden. Angenommen, eine Firma besteht aus den folgenden vier Abteilungen: Einkauf, Produktion, Lager und Verkauf. Die erste und die letzte Abteilung beinhalten typische Informationsprozesse, wogegen die anderen aus eher physikalischen Prozessen bestehen. Anstatt alle vier Abteilungen auf einer Ebene zu modellieren, können in ED Untermodelle erstellt werden. Jedes Untermodell kann unabhängig editiert und betrachtet werden und darüber hinaus können die Untermodelle wie normale Atome agieren. Genau genommen ist ein Untermodell ein neues Atom, das als Atom in die Bibliothek eingefügt werden kann und so in andere Modelle einfach platziert werden kann.

➢ Individuelle Anpassung (Customizing)

Die Hierarchie hat einen zweiten Vorteil, der es erlaubt, komplexe Strukturen als eine Sammlung von einfachen Atomen abzubilden. Zum Beispiel ein automatischer Kran, der sich auf Schienen bewegt und zwei Hochregallagergassen bedient. Der Kran kann 2 Paletten zur gleichen Zeit auf- und abladen und dies geschieht durch zwei Förderbänder auf dem Kran. In ED kann diese Struktur mit wenigen Basisobjekten, wie Kran, Förderbänder und Schienen modelliert werden. Diese neue Struktur kann zur Bibliothek hinzugefügt werden und so in anderen Modellen durch einfaches Plazieren benutzt werden.

Durch die hohe Anzahl von Atomparametern kann durch Popup-Menüs ein Atom auf die gewünschte Aufgabenstellung angepasst werden. Es können natürlich auch komplett neue Atome erstellt werden. Alle individuell angepassten oder neu erstellten Atome können zur Bibliothek hinzugefügt werden, um sie in anderen Modellen wieder zu verwenden.

Daneben ist in ED eine eigene Programmiersprache integriert, 4D-Script genannt, mit der Atome erstellt oder modifiziert werden können. 4D-Script umfasst momentan etwa 800 Begriffe und steuert alles: das Atomverhalten, die Darstellung und das Interface, das Menü und sogar die Applikation selbst.

➢ Austauschbarkeit

Dadurch, dass alle Atome auf die gleiche Art und Weise definiert werden, ist es sehr einfach, Atome zwischen Modellen, Bibliotheken und Benutzern auszutauschen. Zusammen mit dem Umstand, dass Atome vollständig individuell anpassbar sind, wird die Erstellung von Modellen stark beschleunigt. Falls angepasste Atome der Bibliothek hinzugefügt wurden, reicht Drag und Drop aus, um diese in jedem neuen Modell zu benutzen. Individuelle Anpassung und Austauschbarkeit erhöhen die Lebenszeit von Atomen und Modellen.

➤ Simulation

Enterprise Dynamics beinhaltet einen schnellen Simulationskern, der eine große Anzahl von Ereignissen in kurzer Zeit verarbeitet. Dieser Kern steuert sowohl die Simulation, als auch die Visualisierung. Die Struktur des Simulationskerns und des 4DScript-Codes bietet die Möglichkeit, während eines Simulationslaufes das Modell zu verändern. Es können Parameter angepasst werden und sogar weitere Objekte in dem Modell platziert werden, also das Modell erweitert werden. Dies verkürzt die Modellierzeit, da die Modelle nicht kompiliert, getestet, debugged, wieder kompiliert, wieder getestet und so weiter werden müssen.

➤ Visualisierung

ED bietet einen einfachen Weg zur Konstruktion und Verifikation von Modellen. Die Atome werden durch Klicken und Ziehen in ein zweidimensionales Modelllayout erschaffen. Sie werden durch Ziehen einer Linie verbunden und alles kann mit Hilfe der Maus editiert werden.

Verifikation von Modellen heißt es zu überprüfen, ob sich das Modell so verhält, wie es modelliert wurde. Die logischen Fehler können durch einfaches Beobachten entdeckt werden: Geht ein Werker zur richtigen Position, wird Gegenstand A richtig auf Gegenstand B gelegt, warum dreht sich der Transporter nach links anstatt nach rechts?

Validierung, d.h. Überprüfung, ob das Modell der Realität entspricht, ist ein anderer wichtiger Grund für die Animation. In fast jedem Simulationsprojekt wird das Wissen von anderen Personen benötigt und Animation ist ein idealer Weg, um eine Rückmeldung zu geben. Dennoch stellt ein Bild Sachverhalte viel deutlicher dar, als z.B. eine Tabelle mit Zahlen oder Programmcode.

Die Animation unterstützt die quantitativen Ergebnisse in Graphen und Berichten und bestätigt die Zahlen so, dass das Modell korrekt abgebildet wurde und eine zuverlässige Darstellung des realen Systems ist.

Enterprise Dynamics bietet direkt 2D und 3D Animation ohne weitere Modellierung. Genauso, wie das Atomverhalten, kann die Darstellung völlig individuell angepasst werden. Darüber hinaus ist eine qualitativ hochwertige 3D Animation integriert, welche die Virtual Reality -Technik benutzt. Dieses Animationsmodul benutzt Grafikobjekte, Texturen, AVI-Filme und sogar entfernungsabhängigen Ton.

➤ Steuerung

Traditionell leben Simulationsmodelle so lange, wie sie für die strategische Planung benötigt werden. Wenn das System implementiert wurde, verliert das Modell an Wert und es wird zur Seite gelegt, bis eventuell eine andere strategische Entscheidung getroffen werden muss. ED bietet alle Funktionalität, um den Modellzyklus und den Nutzen im täglichen Einsatz in der Planung und Steuerung zu verlängern.

ED kann andere Software und Systeme durch eine Anzahl von verschiedenen Kommunikationsprotokollen steuern und ebenfalls von externen Quellen gesteuert werden.

Simulationsdaten können dynamisch verwaltet werden durch die ED ODBC-Schnittstelle (Access, Oracle) oder den Microsoft DDE - Link (Word und Excel). Die Datenbanksprache SQL kann direkt von ED benutzt werden. Das Internet Protokoll (TCP/IP) wird unterstützt, um mit Simulationsmodellen oder Software-Applikationen auf einem entfernten Computer zu kommunizieren. Es ist möglich, die Kommunikationsschnittstellen des Computers (COM) anzusprechen und so externe Geräte anzuschließen, wie z.B. einen Barcode-Scanner. Falls Code einer anderen Programmiersprache verwendet werden soll, so kann dies über eine eigene dynamic link library (dll) realisiert werden.

III. Modellgenerierung

Simulation ist keine einfache Technik: ein sinnvoller Einsatz von Simulationsprogrammen erfordert Kenntnisse bezüglich der theoretischen Hintergründe der diskreten Simulation z. B. Kenntnisse im Hinblick auf Wahrscheinlichkeitsverteilungen und den Prozess der Modellierung wie z. B. Validierungstechniken oder die Gestaltung von Experimenten.

Die Entwicklung eines Gefühl für Simulation und Generierung von Modellen im Besonderen ist vor allem eine Frage intensiven Übens. Deswegen hat Enterprise Dynamics eine Studentenversion 4.0 unter der Internetadresse www.enterprisedynamics.com zum Download bereitgestellt. Es ist möglich, größere Modelle zu generieren oder zu importieren, aber beim Speichern wird das Modell auf 30 Atome begrenzt.

1. Grundlagen der Modellgenerierung

Sobald Enterprise Dynamics vollständig gestartet ist, erscheint das folgende Startfenster:

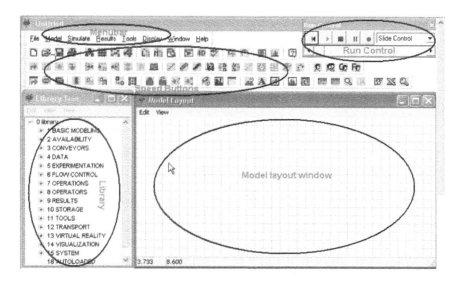

Abbildung 1:   Aufbau Anfangsfenster Enterprise Dynamics

Dieses Fenster ist aus den folgenden Komponenten aufgebaut:

> **Menubar** – hiermit können die Dateien angelegt, geöffnet und gespeichert, die Modelle werden generiert und dargestellt, die Simulation wird tatsächlich ausgeführt, sowie die generierte Reports und Grafiken usw.

> **Speed Buttons** – mit Hilfe dieser Buttons könne bestimmte Atome schnell im Modell platziert und Befehle an ED gegeben werden (z. B. Speichern eines Modells).

> **Library** – in der Bibliothek sind alle Atome vorhanden, die der Anwender im Modell platzieren kann. Jedes Atom hat eine bestimmte Funktion, und durch die Kombination der richtigen Atome ist es möglich, einen Betriebsprozess nachzubilden. Die am häufigsten verwendeten Atomen sind die folgenden:

- *Product* – das Produktatom dient zur Modellierung der physischen Ströme in ED. Diese Ströme können aus Produkten, Waren, Dokumenten, Informationen oder Personen bestehen.

- *Source* – das Source Atom sorgt dafür, dass Atome, meist Produkte mit einer Bestimmten Häufigkeit in das Modell gelangen und fungiert somit als Produkt- oder Kundengenerator. Meist ist es das erste Element eines Modells.

- *Queue* – das Queue Atom stellt Produkte in die Warteschlange, wenn das nächste Atom besetzt ist

- *Server* - der Server dient zum Modellieren zeitaufwendiger Operationen, zum Beispiel die Bearbeitung von Produkten an einer Maschine oder das Bezahlen eines Kunden an der Kasse. Der Server kann also eine Maschine, einen Schalter, einen Mitarbeiter oder einen anderweitigen Bearbeitungsplatz darstellen. Neben Bearbeitungszeiten können Aspekte wie Umstellungszeiten oder die gleichzeitige Bearbeitung mehrerer Produkte definiert werden.

- *Sink* – das Sink Atom sorgt dafür, dass Kunden oder Produkte das Modell wieder verlassen können.

> **Model layout window** – in diesem Teil des Fensters werden die Modelle generiert.

> **Run Control** – hiermit wird die Simulation des unterworfenen Modells gestartet und kann die Geschwindigkeit der Simulation eingestellt werden.

2. Modellgenerierung anhand eines Beispiels

An einem vereinfachten Betriebsmodell werde ich die Fertigungssteuerung eines Automobilzulieferers simulieren. Durch Entscheidungen über Beschaffungs-, Produktionsaufträge und Produktionskapazitäten ist die Leistung des Modellbetriebes auf die Anforderungen des Marktes abzustimmen, so dass die geplanten Ziele wie Lieferfähigkeit, Auslastung, Bestände, Herstellkosten und Betriebsergebnis erreicht werden können. Dabei sollten die Atome im Modell platziert werden und die Kanäle verbunden werden. Daneben sollte gesorgt werden, dass die Atome zu den richtigen Zeitpunkten in das Modell kommen und für die richtige Zeitspanne bei den Maschinen (oder Schaltern) bleiben. Die Anwendung unterschiedlicher Planungs- und Dispositionsmethoden kann am Modell „gefahrlos" erprobt werden. Die Auswirkungen der Entscheidungen werden durch detaillierte Simulationsstudien verfolgt und gemessen.

Für die Generierung des Modells stehen die folgenden Informationen zur Verfügung:

Die Geschäftsleitung des Automobilzulieferers, der hauptsächlich Relaisplatten und Gehäusen für ABS herstellt, möchte einen besseren Einblick in die Problembereiche, Produktionsmengen und Durchlaufzeiten erhalten. Deshalb wird beschlossen, eine Simulationsstudie durchführen zu lassen. Der Einfachheit halber werde ich in diesem Fallbeispiel lediglich die Produktion von Relaisplatten berücksichtigen.

Der Produktionsprozess für die Relaisplatten lässt sich in eine Reihe von Schritten unterteilen. Zunächst treffen rohe Platten ein, die in einer bestimmten Form zerteilt werden. Hierbei werden aus einer rohen langen Platte zehn kleine Relaisplatten erstellt. Diese kleinen Platten erhalten anschließend auf der Relaismaschine die notwendigen Relais. Danach gelangen die Platten zur Verschlussbank. Hier werden jeweils 4 Platten in einem Rahmen gelegt und schnell verleimt. Die nächste Stufe ist die Bestückungsmaschine. Auf dieser Maschine werden die einzelnen Platten mit den vorprogrammierten Chips bestückt. Sowohl von der Relaismaschine, der Verschlussbank als auch von der Bestückungsmaschine sind zwei identische Exemplare verfügbar, die parallel zueinander in den Produktionsprozess integriert sind. Die Relaisplatten werden also nur einmal verleimt und bestückt. Zwischen allen Produktionsschritten liegen jeweils Vorratsstellen mit hinreichender Platzkapazität. Es sind genügend Relaisplatten und vorprogrammierte Chips für ABS vorhanden, um die einzelnen Maschinen kontinuierlich laufen zu lassen. Um den Plattenvorrat im System überblicken zu können, gilt, dass die Zwischenvorräte je Bearbeitungsschritt nicht mehr als 100 Platten umfassen dürfen. Das Zerteilen einer großen Platte auf der Zerteilungsmaschine dauert gleichverteilt zwischen zwei und drei Minuten, die Bearbeitungszeit auf der Relaismaschine ist normal verteilt, mit einem Durchschnitt von 36 Sekunden und einer Standardabweichung von 2 Sekunden. Die Verschluss- und Bestückungsbank benötigen jeweils genau zwei Minuten für das Zusammenleimen und das Bestücken einer Relaisplatte. Die Produktion läuft ohne Unterbrechung von 9.00 bis 17.00 Uhr. Die Produkte, die am Ende des Tages noch nicht fertig gestellt sind, bleiben bis zum nächsten Tag liegen.

Simulation ist eine Möglichkeit Einblick in die Kapazitätsauslastung und die durchschnittliche Warteschlange zu bekommen. Anhand einer Skizze des Prozesses kann man bei jedem Teilprozess die Kapazität pro Stunde für die Relaisplatten angeben und die Frage beantworten: Wie viele Platten voraussichtlich pro Tag die Fabrik verlassen. Dennoch bietet ED auch einige Methoden zur Messung und Auswertung dieser Ergebnisse.

3. Vorgehensweise bei der Modellgenerierung

3.1. Atome in das Modell ziehen und Einstellungen anpassen

Der erste Schritt beim Generieren des Modells ist die Platzierung der richtigen Atome im Modell und die Anpassung ihrer Einstellungen. Die Atome, die hier gebraucht werden, sind die folgenden: *Source* (für den Input), *Server* (für die einzelnen Bearbeitungsmaschinen), *Queue* (für die jeweiligen Warteschlangen) und *Sink* (für de Output). Das *Product* Atom wird als einen blauen Kreis dargestellt, wobei sich seine Form mit der Option **2D Icon** ändern lässt. Normalerweise wird in jedem Server Atom ein Prozentsatz angezeigt. Dieser Prozentsatz stellt die Maschinenauslastung dar.

Wenn die Atome in der richtigen Reihenfolge platziert sind, müsste spezifiziert werden, wie viele Relaisplatten pro Stunde eintreffen und wie viel Zeit die Maschinen benötigen, um die jeweiligen Produkte zu erstellen. Dabei müsste berücksichtigt werden, dass alle Zeiten in ED in Sekunden eingegeben werden. Daneben ist es nur möglich, zu spezifizieren, wie viel Zeit zwischen dem Eintreffen von den Produkten liegt, die so genannte Zwischenauskunftszeit.

Das Model Layout sieht wie folgt aus:

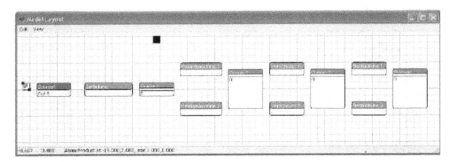

Abbildung 2:   Model Layout

3.1.1. Source Einstellungen

Zunächst werden die Einstellungen des Source Atoms geändert, so dass pro Stunde 360 Relaisplatten eintreffen können. In diesem Fall ist es notwendig im Feld **Inter-arrivel time** (Zwischenankunftszeit) die Zahl 10 einzugeben. Für chaotische Ankunfts- oder Bedienungsprozesse wird in ED die negativ-exponentielle Verteilung mit der 4D-Script Code *negexp(e1)* verwendet. Hierbei steht e1 für den durchschnittlichen Wert oder die Erwartung der exponentiellen Verteilung.

3.1.2. Server Einstellungen

Danach sollte die Bearbeitungszeit für die Zerteilungsmaschine eingegeben werden. Dafür wird das Parameterfeld **Cycletime** benutzt. Die Unsicherheit im Bearbeitungsprozess kann durch Nutzung einer Wahrscheinlichkeitsverteilung abgefangen werden. In diesem Bespiel verwendet man für die Zerteilungsmaschine die Gleichverteilung mit der folgenden 4D-Script Code: **uniform(120,180)**, da das Zerteilen einer großen Platte auf der Zerteilungsmaschine gleichverteilt zwischen zwei und drei Minuten dauert. Da die Bearbeitungszeit auf der Relaismaschine normal verteilt ist, mit einem Durchschnitt von 36 Sekunden und einer Standardabweichung von 2 Sekunden, wird der Ausdruck **max(0,normal(36,2))** verwendet, um zu verhindern, dass negative Bearbeitungszeiten entstehen. Die Cycletime auf der Verschluss- und Bestückungsbank ist streng auf 2 Minuten definiert. In diesem Feld wird also bei den beiden Servern die Zahl 120 eingegeben.

Um die Zerteilung der langen Relaisplatte in 10 kleinen Platten anzuzeigen, verwendet man das Parameterfeld **Batch (B)**. Hier wird die Menge der Produkte angezeigt, die vor der Cycletime gesammelt werden muss, also in diesem Fall 10. In der **Batch Rule** Option wird die Menge der Atome erfasst, die zu senden sind. In ED gibt es 3 Batch Rules, die ausgewählt werden können: **B In/1 Out, B In/B Out** und **1 In/B Out**. In diesem Bespiel wäre das die letzte Möglichkeit, da aus einer langen Platte 10 kleine gefertigt werden. Bei der Relaismaschine benutzt man den Ausdruck (B) = 1 und Batch Rule B In/B Out. Bei der Verschluss- und Bestückungsbank – (B) = 4 und Batch Rule B In/1 Out für das Zusammenkleben und Bestücken der einzelnen Platten.

Es ist möglich, das blaue Produkt, das eine Relaisplatte symbolisiert, durch eine andere Abbildung im Feld **Icon** oder durch 3D Darstellung im Feld **3D Icon** zu ersetzen.

Bei den Servereinstellungen sind auch die folgenden Parameter möglich:

> ➤ MTBF – Mittelausfallabstand in Sekunden

> ➤ MTTR – Reparaturzeit in Sekunden

> ➤ MCBF (cycles) – die Anzahl der Zyklen bis zum nächsten Ausfall

> ➤ MTTR (for cycles) – die Reparaturzeit für den nächsten Ausfall

> ➤ Input Strategy – das Atom kann spezifische Input Kanäle öffnen, um bestimmte Atome hereinkommen zu lassen.

3.1.3. Queue Einstellungen

Da die Zwischenvorräte je Bearbeitungsschritt nicht mehr als 100 Platten umfassen dürfen, sollte in dem Feld **Capacity** die Zahl 100 eingetragen werden. Dieses Feld definiert die maximale Anzahl von Atomen, die sich in diesem Atom befinden können. Beim Lager ist es eine höhere Anzahl sinnvoller, da sich hier alle gefertigten Platten sammeln.

Um zu bestimmen, über welchen Kanal die Platten die Warteschlange verlassen sollen, sollte eine Option aus dem Feld **Send To** gewählt werden. Wenn wir möchten, dass jeder offene Kanal gewählt werden kann, sind die folgenden Optionen relevant:

> ➤ *An open channel (First channel first): search, starting from the first channel, and send to the first open channel found.*

> ➤ *An open channel (Last channel first): search, starting from the last channel, and send to the first open channel found.*

> ➤ *A random open channel: choose a random channel from all the open output channels.*

Bei der ersten bzw. zweiten Option erhält der erste bzw. zweite Server den höchsten Auslastungsgrad, während die Auslastungsgrade bei der letzten Option sind alle mehr oder weniger identisch.

3.1.4. Channels Einstellungen

Die Kanäle dienen in ED zur Modellierung der Material- und Informationsströme. Ihr Wesen besteht darin, auf einem Atom alle möglichen folgenden Orte von Produkten, die sich in diesem Atom befinden, aufzuzeigen. Damit sorgen die Kanäle für ein grobes Routing von Produkten durch das Modell.

Die Kanäle werden aktiviert im Menü *View des Model Layout Fensters* mit der Option *Channels*.

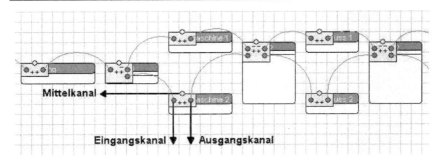

Abbildung 3:   Darstellung Atome mit verbundenen Kanälen

Im Kästchen sind **die Eingangs-, Ausgangs- und Mittelkanäle** zu sehen. Ein Kanal kann *geöffnet* (dargestellt im Grün) oder *geschlossen* (dargestellt in Rot) sein. Wenn sowohl der Ein- als auch der Ausgangskanal geöffnet sind, ist die Verbindung zwischen ihnen *bereit*, andernfalls ist die Verbindung *nicht bereit*. Der Mittelkanal dient zum Versenden und Empfangen von Informationen und wird dazu benutzt, um Informationen über ein Atom zu registrieren. Auf einem Atom ist immer nur ein Mittelkanal verfügbar, es ist allerdings möglich, mehrere Atome mit demselben Mittelkanal zu verbinden.

Die Produkte gelangen über den Eingangskanal in ein Atom und verlassen es über den Ausgangskanal. Ein Eingangskanal muss immer mit einem Ausgangs- oder Mittelkanal verbunden sein. Ein Ausgangskanal muss immer mit einem Eingangs- oder Mittelkanal verbunden sein. Jeder Ein- oder Ausgangskanal kann nur mit einem anderen Kanal verbunden sein.

Damit die Relaisplatten gleichmäßig auf allen Maschinen gefertigt werden können, sollten die Kanäle, wie in der Abbildung 3 angezeigt, verbunden werden.

3.2. Simulation durchführen

Nach dem alle Atome richtig eingestellt und die Kanäle verbunden sind, kann die Simulation gestartet werden. Dies geschieht mit Hilfe des **Run Control** Fensters. Der Parameter *Slide Control* ermöglicht die Anpassung der Geschwindigkeit der Simulation.

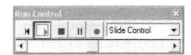

Abbildung 4:   Darstellung Run Control Fenster

IV. Methoden zur Messung der Ergebnisse

Enterprise Dynamics bietet unterschiedliche Methoden, mit denen die Ergebnisse einer Simulationsstudie angezeigt werden können. Diese Methoden werde ich bei dem Automobilzulieferer für die Produktion von Relaisplatten einsetzen.

1. Informationen, die auf dem Atom dargestellt sind

So wird bei jeder Queue angegeben, wie viele Relaisplatten sich in der Warteschlange befinden, auf jedem Server steht die Kapazitätsauslastung und auf einer Source oder Sink steht, wie viele Relaisplatten das Modell erreicht bzw. verlassen haben. Diese Informationen lassen sich vor allem dazu nutzen, während einer Simulation zu prüfen, ob das Modell logisch richtig funktioniert.

Für dieses Ziel wird **die Uhr** von Enterprise Dynamics benötigt (Untermenü von *Simulate*). Mit der Hilfe der Option *Set Stop Time* kann ED so eingestellt werden, dass sie Simulation nach genau 8 Stunden stoppt.

Bei einer mehrmaligen Durchführung der Simulation habe ich jedoch festgestellt, dass die Anzahl der gefertigten Relaisplatten im Lager einer Abweichung von 2 Platten unterliegt.

2. Monitor

Der Monitor gibt grafische Informationen über ein bestimmtes Atom. Es kann eingestellt werden, wie viele Informationen angezeigt werden sollen, wie z. B. Input, *Output, Status as Value, Status as Text, Output per hour* usw. Wenn die gewünschte Größe nicht in der Liste enthalten ist, ist es möglich sie in 4D-Script zu programmieren. Auch diese Informationen lassen sich vor allem dazu nutzen, während einer Simulation zu prüfen, ob das Modell logisch richtig funktioniert.

Der Monitor befindet sich in der *Library Tree* unter *Results*. Der erste Schritt besteht in der Verbindung zwischen dem Eingangskanal des Monitors und dem Mittelkanal des Atoms, das betrachtet werden soll. Danach wird den Durchsatz pro Stunde ausgewählt, um ausrechnen zu können wie viele Relaisplatten durchschnittlich pro Stunde die Fabrik verlassen.

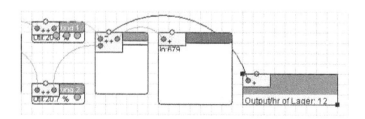

Abbildung 5:   Darstellung des Monitors

3. Reports und Grafiken

Aus dem Menü Results erscheinen die Ergebnisse eines laufenden Simulationsdurchlaufs. Es ist vor allem eine praktische Methode, um schnell einen Überblick über den Zustand des Systems und eine schnelle Kontrolle bezüglich der Parametereinstellungen zu erhalten.

3.1. Reports

Wenn im Menü *Results* die Option *Summary Report* ausgewählt wird, erscheint im Fenster ein Report wie in der folgenden Abbildung:

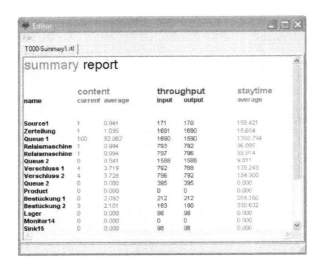

Abbildung 6:   Darstellung Summary Report

Hiermit kann man sich einen Überblick über den Zustand des Modells verschaffen, wobei eine Unterteilung in folgende Punkte vorgenommen wird:

- **Current content** – die Zahl der Produkte, die zum Zeitpunkt der Erstellung des Reports in einem Atom vorhanden sind.

- **Averige content** – die durchschnittliche Zahl der Produkte, die im Atom vorhanden sind.

- **Input** – die Zahl der Produkte, die im Atom eingetroffen sind.

- **Output** – die Zahl der Produkte, die das Atom verlassen haben.

- **Averige staytime** – die durchschnittliche Verweildauer der Produkte im Atom.

So lässt sich in der Abbildung 6 ablesen, dass eine Relaisplatte durchschnittlich 33 s auf der Bestückungsmaschine 2 verbleibt, dass auf der Verschlussbank 2 insgesamt 792 Produkte gefertigt worden sind und noch 4 vorhanden sind.

3.2. Grafiken

Mit der Option *Graphs* ist es möglich, eine grafische Darstellung einer Variablen zu geben. Für diese Methode ist es erforderlich, die Atom *History* für das Atom, für das die Grafik erstellt werden soll, zu aktivieren, in diesem Fall für Queue 2.

In ED sind 5 verschiedene Typen von Grafiken vorhanden:

➢ **Queue Graph**

Hiermit wird eine Grafik der Zahl der Produkte über der Zeit in einem Atom erstellt. Bei einem Server Atom wird die Zahl der Produkte in der Regel nie höher als 1 sein, bei einem Queue Atom hingegen wird die Warteschlange in der Grafik dargestellt. Die folgende Abbildung zeigt eine Grafik des zweiten Buffers aus dem Relaisplattenbeispiel, aus der zu sehen ist, dass noch 2 Relaisplatten in der Warteschlange stehen.

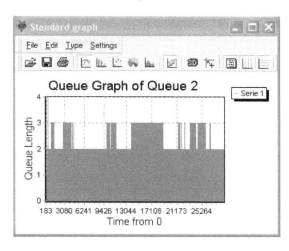

Abbildung 7:   Darstellung Queue Graph von Queue 2

➢ **Queue Histogram**

Hier wird jeweils der Anteil aller vorkommenden Füllstände dargestellt.

➢ **Status Pie**

Hierin werden die Zeitanteile der Stati des Atoms in einem Kreisdiagramm dargestellt.

➢ **Status Bar**

Mit dieser Option werden auch die Anteile der Stati des Atoms dargestellt, allerdings in Form eines Balkendiagramms.

➢ **Wait Histogram**

Hierbei wird ein Histogramm der Verweildauer der Produkte im Atom erstellt.

4. Experiment

Die drei oben beschriebenen Methoden der Ergebnisnahme eignen sich vor allem dazu, während der Simulation direkt Ergebnisse zu sehen. Für Schlussfolgerungen bezüglich des Systems ist das Experiment hier das geeignete Mittel.

4.1. Das Experiment Atom

Auf dem Experiment Atom werden die allgemeinen Einstellungen des Simulationsexperiments festgelegt. Jedes Modell umfasst deshalb höchstens 1 Experiment Atom. Zuvor wird eingestellt, wie lange ein *Messintervall* dauert, die *Zahl der Simulationsläufe* und die *Aufwärmzeit*. Häufig muss ein System einige Zeit warmlaufen, bevor es seine normale Funktion erreicht hat. Danach geraten die meisten Systeme in eine Gleichgewichtssituation, auch als stationärer Zustand bezeichnet. Die Ergebnisse werden während des Messintervalls zusammengetragen. Das Ergebnis eines Experiments liegt in Form eines Vertrauens- oder Konfidenzintervalles vor.

Außerdem muss bei einem Experiment angegeben werden, welche Größe gemessen werden soll. Dies geschieht durch das PFM Atom.

4.2. Das PFM Atom

PFM steht für Performance Measure (Leistungskennwert) und gibt eine Ausgabevariable wie durchschnittliche Wartezeit, Auslastung etc., gemessen während eines Simulationsexperiments gemäß den Einstellungen auf dem Exportatom. In einem Modell können mehrere PFMs eingestellt werden. Dabei sollte der Eingangskanal des PFM Atoms mit dem Mittelkanal des Atoms verbunden werden, dessen Daten benötigt werden.

Bei einer Aufwärmzeit von einer Woche und einem Messintervall von vier Wochen wird die durchschnittliche Relaisplattenproduktion pro Zeiteinheit anhand des Experiment Atoms wie folgt dargestellt:

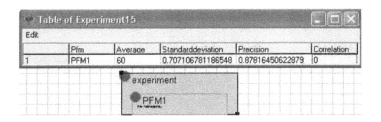

Abbildung 8:   Zuverlässigkeitsintervall in tabellarischer und grafischer Form

Nach Abschluss des Experiments gibt die Tabelle Informationen über den PFM *Durchschnittswert, die Standardabweichung der Messungen,* die *absolute Ungenauigkeit* der Messung (die halbe Breite des Vertrauensintervalls) und die Wechselbeziehung der verschiedenen Messungen (*Korrelationskoeffizient*).

V. Strategien

Nach dieser allgemeinen Einführung zum Programm Enterprise Dynamics werde ich kurz auf einige vorprogrammierte Möglichkeiten eingehen, mit denen Produkte Zugang zu einem folgenden Atom erhalten, in einer Warteschlange platziert werden oder nach Bearbeitung weitergeschickt werden.

1. Input Strategy

Hiermit wird der Zugang zu einem Atom von vorherigen Atomen aus geregelt. Durch die Input Strategy werden ein oder mehrere Eingänge freigegeben, zudem wird über eine bestimmte Reihenfolge untersucht, über welchen Kanal zuerst Produkte aufgenommen werden können. In ED stehen die folgenden Optionen zur Verfügung:

> *Any inputchannel* – öffnet alle Eingangskanäle eines Atoms. Wenn mehrere Atome zu senden sind, hat das Atom mit der niedrigsten Nummer als Eingangskanal Vorrang.

> *Largest queue* – öffnet alle Eingangskanäle eines Atoms. Wenn mehrere Atome zu senden sind, hat das Atom mit der längsten Warteschlange oder dem größten Inhalt Vorrang.

> *Longest waiting* – öffnet alle Eingangskanäle eines Atoms. Wenn mehrere Atome zu senden sind, hat das Atom mit der längsten durchschnittlichen Verweildauer Vorrang.

> *Round robin* – öffnet zunächst den ersten Eingangskanal und wartet auf Zusendung eines Produkts über diesen Eingangskanal.

> *Channel 1* – es wird ein fester Eingangskanal angegeben, der genutzt werden soll. In diesem Fall dürfen also nur Produkte über Eingangskanal 1 eintreffen.

2. Queue Discipline

Mit dieser Strategie werden die Produkte in einer Warteschlange platziert. In ED sind die folgenden 6 Einstellungen vorhanden:

> *First in first out* – platziert die Atome in der Reihenfolge ihres Eintreffens in der Queue

> *Last in first out* - platziert die eingehenden Produkte vorn in der Warteschlange. Sie verlassen die Queue also in der umgekehrten Reihenfolge ihres Eintreffens.

> *Random* - platziert die Produkte nach dem Zufallsprinzip in der Warteschlange.

> *Sort by Label Ascending* - die Produkte werden mit dem niedrigsten Wert für ein bestimmtes Label vorn in der Warteschlange platziert.

> *Sort by Label Descending* - die Produkte werden mit dem höchsten Wert für ein bestimmtes Label vorn in der Warteschlange platziert.

> *User defined* - die Produkte werden anhand einer benutzerdefinierten Position in der Warteschlange platziert.

3. Send to Statements

Mit dem Send to Statement definiert man den Ausgangskanal, zu dem die Produkte gesendet werden sollen. Vom Anwender kann eine Zahl eingegeben oder eine der vordefinierten Optionen gewählt werden. Die am häufigsten benutzen Methoden sind die folgenden:

> *Specific channel: always send to channel 1* - das Produkt Atom wird immer zu einem festen Ausgangskanal geschickt.

> *An open channel (First channel first): search, starting from the first channel, and send to the first open channel found* - hierbei wird das Product Atom zum ersten offenen Kanal geschickt, den ED findet.

> *An open channel (Last channel first): search, starting from the last channel, and send to the first open channel found* - es wird beim letzten Kanal beginnend gesucht, und das Produkt wird zum ersten offenen Kanal geschickt, den ED findet.

> *A random open channel: choose a random channel from all the open output channels* ED wählt einen offenen Kanal nach dem Zufallsprinzip.

> *By percentage: 90% of products go to channel 1, the remaining percentage go to channel 2* - es wird ein bestimmter Prozentsatz der Produkte zu einem Kanal und der Rest zu einem anderen Kanal geschickt.

> *By user: enter your own 4DScript expression resulting in a value between 1 and the number of channels: 1. You can press the small button for the 4DScript editor* - ein vom Anwender geschriebener 4D-Script Code, der den Ausgangskanal definiert.

Natürlich gibt es viel mehr Möglichkeiten für die Weiterleitung, die jedoch vom Modellierer in 4D-Script programmiert werden können.

VI. Fazit

Die Simulationssoftware Enterprise Dynamics ist ein erfolgreiches Simulationswerkzeug für die Realisierung der Erhöhung von Produktionskapazität und Liefertreue, Verkürzung der Durchlauf- und Lieferzeit, zur Engpassanalyse und Variantenauswahl sowie zur Szenarienbetrachtung.

Das Simulationsmodell kann als gesamtes Produktionssystem, bestehend aus z. B. Kommissionierung, Förderanlage, Fertigung, Hochregallager usw. dargestellt werden, was auf den Zukunftstrend einer virtuellen, digitalen Fabrik basiert.

Die Möglichkeiten und der Nutzen des operativen Einsatzes der Simulation wachsen mit der Komplexität der Prozesse. Simulation wird genutzt für tägliche Ressourcenplanung und Optimierung, Scheduling, Prozessverfolgung und Überwachung (Monitoring) sowie zur Steuerung. Hier entfaltet sich die besondere Stärke von der Enterprise Dynamics Software.

Quellenverzeichnis

Literaturquellen:

Eversheim, W., Schuh, G., *Betrieb von Produktionssystemen*, 1999, Springer Verlag, Berlin

Graf, J., *Planspiele - simulierte Realitäten für den Chef von morgen*, 1992, Gabal Verlag, Bonn

Mertens, P., Simulation, 1982, Poeschel Verlag, Stuttgart

Internetquellen:

http://www.enterprisedynamics.com [15. 12. 2002]

http://www.fh-simulation.de/Online/Produktinfo.htm [15. 12. 2002]

http://www.g-f.at/SW.htm [15. 12. 2002]

http://www.simulation.fraunhofer.de [15. 12. 2002]

http://www.psychologie.uni-freiburg.de/signatures/leonhart/skript/node6.html [15. 12. 2002]

Simulation mit Taylor Enterprise Dynamics

Einführung an einem Bespiel

Der Begriff Simulation

- **Simulation** *(lat. Erheuchelung, Vorspiegelung)* ist die Nachbildung eines Systems mit seinen dynamischen Prozessen in einem Modell, um zu Erkenntnissen zu gelangen, die auf die Wirklichkeit übertragbar sind
- **Zielsetzungen**
  - Ermittlung eines Optimums
  - Studium des Verhaltens von Systemen

Die Hintergründe von ED

- **Enterprise Dynamics Software**
- **Charakteristiken**
  - Modellierung - Atome als Bausteine
    - *(x, y, z) und Zeit*
    - *Vererbungsprinzip*
    - *Maschine, Schalter, Produkt, Grafik*
  - Allgemeingültigkeit – alles in ED ist ein Atom
    - *Abbildung von physikalischen Objekten und Informationen*
    - *Bibliothek von fertigen Atomen*
  - Hierarchie – Erstellung von Untermodellen

Die Hintergründe von ED

- Individuelle Anpassung (Customizing)
  - *Atome auf gewünschte Einstellungen anpassen*
  - *Neue Atome erstellen*
  - *Eigene Programmiersprache (4D-Script)*
- Austauschbarkeit (Modelle, Bibliotheken, Benutzer)
- Simulation – schneller Simulationskern
- Visualisierung / Animation
  - *2D, 3D Animation / VR , Graphen, Berichten*
- Steuerung von Simulationsdaten
  - *ED ODBC - Schnittstelle (Access, Oracle)*
  - *DDE - Link (Word, Excel), SQL, TCP/IP*

Grundlagen
der Modellgenerierung

- Studentenversion 4.0
- www.enterprisedynamics.com
- Modelle generieren und importieren
- Begrenzung auf 30 Atome

Grundlagen
der Modellgenerierung

Beispiel
Produktion von Relaisplatten

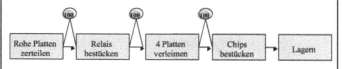

| Rohe Platten zerteilen | → | Relais bestücken | → | 4 Platten verleimen | → | Chips bestücken | → | Lagern |

- Zerteilung – 2 bis 3 min
- Relais bestücken – normal verteilt, 36 s, Abweichung 2 s
- Verschluss- und Bestückungsbank – 2 min

Vorgehensweise
bei der Modellgenerierung

1. **Atome ins Modell ziehen**
2. **Einstellungen anpassen**
   - Product – Produkte, Waren, Dokumente
   - Source - Input
   - Server - Bearbeitungsmaschine
   - Queue - Warteschlange
   - Sink - Output
   - Channels – Material- und Informationsströme
3. **Simulation durchführen**

Methoden zur Messung der Ergebnisse

1. **Darstellung der Informationen auf dem Atom**
   - Uhr (Clock)
   - Logische Überprüfung während der Simulation
2. **Monitor**
   - Grafische Informationen über ein bestimmtes Atom
   - Library Tree / Results
3. **Summary Report**
   - Überblick über den Zustand des Modells
   - Current content, Input, Output, Averige staytime

17. 12. 2002   Simulation mit Enterprise Dynamics   Mariya Beleva

---

Methoden zur Messung der Ergebnisse

4. **Grafiken – Darstellung einer Variable**
   - Queue Graph
     - *Grafik der Zahl der Produkte in einem Atom*
   - Queue Histogram
     - *Der Anteil aller vorkommenden Füllstände*
   - Status Pie
     - *Darstellung der Zeitanteile in einem Kreisdiagramm*
   - Status Bar
     - *Darstellung der Zeitanteile in einem Balkendiagramm*
   - Wait Histogram
     - *Histogramm der Verweildauer der Produkte im Atom*

17. 12. 2002   Simulation mit Enterprise Dynamics   Mariya Beleva

Methoden zur Messung der Ergebnisse

5. **Experiment**

   Das Experiment Atom
- *Schlussfolgerungen bezüglich des Systems*
- *Allgemeine Einstellungen des Simulationsexperiments*
- *Messintervall, Zahl der Simulationsläufe, Aufwärmzeit*

   Das PFM Atom
- *Performance Measure (Leistungskennwert)*
- *Ausgabevariable – durchschnittliche Wartezeit, Auslastung*
- *Durchschnittliche Produktion pro Zeiteinheit*

   Vertrauens- oder Konfidenzintervall

Trends und Entwicklungen